PROMESAS

de la Biblia

PARA CHICAS

PROMESAS
de la Biblia

PARA CHICAS

La misión de Editorial Vida es ser la compañía líder en satisfacer las necesidades de las personas con recursos cuyo contenido glorifique al Señor Jesucristo y promueva principios bíblicos.

PROMESAS DE LA BIBLIA PARA CHICAS
Edición en español publicada por
Editorial Vida – 2012
Miami, Florida

© 2014 por Especialidades Juveniles

Este título también está disponible en formato electrónico.

Traducción:n/a
Edición: *Carina Valerga*
Diseño interior: *Luvagraphics*

ISBN: 978-0-8297-6551-9
CATEGORÍA: JUVENIL NO FICCION / Cristianismo /
Vida Cristiana

IMPRESO EN ESTADOS UNIDOS DE AMÉRICA
PRINTED IN THE UNITED STATES OF AMERICA
12 13 14 15 16 ❖ 6 5 4 3 2 1

Promesas de la Biblia para chicas

¿Qué dice Dios de ti?
Palabras de Dios para las Chicas

•

*Todos los versículos fueron tomados
de la Biblia Nueva Versión Internacional*

Contenido

Para Sonisi con
mucho cariño!

[signature]

¿Qué dice Dios sobre ti?

Sobre todas las demás opiniones, la más importante de todas es la de tu Creador. Tu verdadera identidad se encuentra en Él.

«*Grabada te llevo en las palmas de mis manos*» Isaías 49:16

«*Porque somos hechura de Dios, creados en Cristo Jesús para buenas obras, las cuales Dios dispuso de antemano a fin de que las pongamos en práctica.*» Efesios 2:10

«*Las naciones verán tu justicia, y todos los reyes tu gloria; recibirás un nombre nuevo, que el Señor mismo te dará. Serás en la mano del SEÑOR como una corona esplendorosa, ¡como una diadema real en la palma de tu Dios! Ya no te llamarán "Abandonada", ni a tu tierra la llamarán "Desolada", sino que serás llamada "Mi deleite"; tu tierra se llamará "Mi esposa"; porque el SEÑOR se deleitará en ti*». Isaías 62:2-4

«*Pero ustedes son linaje escogido, real sacerdocio, nación santa, pueblo que pertenece a Dios, para que proclamen las obras maravillosas de aquel que los llamó de las tinieblas a su luz admirable.*» 1 Pedro 2:9

«Hace mucho tiempo se me apareció el Señor y me dijo: «Con amor eterno te he amado; por eso te sigo con fidelidad» Jeremías 31:3

«Que nadie te menosprecie por ser joven. Al contrario, que los creyentes vean en ti un ejemplo a seguir en la manera de hablar, en la conducta, y en amor, fe y pureza.» 1 Timoteo 4:12

«Porque yo sé muy bien los planes que tengo para ustedes —afirma el Señor—, planes de bienestar y no de calamidad, a fin de darles un futuro y una esperanza.» Jeremías 29:11

«Ya no los llamo siervos, porque el siervo no está al tanto de lo que hace su amo; los he llamado amigos, porque todo lo que a mi Padre le oí decir se lo he dado a conocer a ustedes.» Juan 15:15

«Yo, el Señor, te he llamado en justicia; te he tomado de la mano. Yo te formé, yo te constituí como pacto para el pueblo, como luz para las naciones» Isaías 42:6

¿Qué dice Dios sobre tu apariencia?

El llegar a aceptarnos y amarnos es fundamental para poder transmitir seguridad a la hora de comunicarnos con los demás.

«Que la belleza de ustedes no sea la externa, que consiste en adornos tales como peinados ostentosos, joyas de oro y vestidos lujosos. Que su belleza sea más bien la incorruptible, la que procede de lo íntimo del corazón y consiste en un espíritu suave y apacible. Ésta sí que tiene mucho valor delante de Dios.»
1 Pedro 3:3-4

«El corazón alegre se refleja en el rostro, el corazón dolido deprime el espíritu.»
Proverbios 15:13

«Pero el SEÑOR le dijo a Samuel: —No te dejes impresionar por su apariencia ni por su estatura, pues yo lo he rechazado. La gente se fija en las apariencias, pero yo me fijo en el corazón.» 1 Samuel 16:7

«Engañoso es el encanto y pasajera la belleza; la mujer que teme al Señor es digna de alabanza.» Proverbios 31:30

«Tú creaste mis entrañas; me formaste en el vientre de mi madre. ¡Te alabo porque soy una creación admirable! ¡Tus obras son maravillosas, y esto lo sé muy bien! Mis huesos no te fueron desconocidos cuando en lo más recóndito era yo

formado, cuando en lo más profundo de la tierra era yo entretejido. Tus ojos vieron mi cuerpo en gestación: todo estaba ya escrito en tu libro; todos mis días se estaban diseñando, aunque no existía uno solo de ellos.» Salmos 139:13-16

«Por eso les digo: No se preocupen por su vida, qué comerán o beberán; ni por su cuerpo, cómo se vestirán. ¿No tiene la vida más valor que la comida, y el cuerpo más que la ropa?» Mateo 6:25

«Radiantes están los que a él acuden; jamás su rostro se cubre de vergüenza.» Salmos 34:5

«No juzguen a nadie, para que nadie los juzgue a ustedes. Porque tal como juzguen se les juzgará, y con la medida que midan a otros, se les medirá a ustedes.» Mateo 7:1-2

«¿Acaso no saben que su cuerpo es templo del Espíritu Santo, quien está en ustedes y al que han recibido de parte de Dios? Ustedes no son sus propios dueños. Fueron comprados por un precio. Por tanto, honren con su cuerpo a Dios.» 1 Corintios 6:19-20

Relaciones
saludables

¿Qué dice Dios sobre los padres?

Ninguna de nosotras pudo elegir quienes serían sus padres. Dios, en su soberanía, designó intencionalmente a dos personas específicas para que fueran nuestros padres biológicos.

«Hijo mío, escucha las correcciones de tu padre y no abandones las enseñanzas de tu madre. Adornarán tu cabeza como una diadema; adornarán tu cuello como un collar.» Proverbios 1:8-9

«Honra a tu padre y a tu madre, para que disfrutes de una larga vida en la tierra que te da el Señor tu Dios.» Éxodo 20:12

«La corona del anciano son sus nietos; el orgullo de los hijos son sus padres.» Proverbios 17:6

«Él hará que los padres se reconcilien con sus hijos y los hijos con sus padres, y así no vendré a herir la tierra con destrucción total.» Malaquías 4:6

«Así que Jesús bajó con sus padres a Nazaret y vivió sujeto a ellos.» Lucas 2:51

«Disciplina a tu hijo, y te traerá tranquilidad; te dará muchas satisfacciones.» Proverbios 29:17

«Hijos, obedezcan en el Señor a sus padres, porque esto es justo.» Efesios 6:1

«Ciertamente, ninguna disciplina, en el momento de recibirla, parece agradable, sino más bien penosa; sin embargo, después produce una cosecha de justicia y paz para quienes han sido entrenados por ella.» Hebreos 12:11

«Hijos, obedezcan a sus padres en todo, porque esto agrada al Señor.»
Colosenses 3:20

«La necedad es parte del corazón juvenil, pero la vara de la disciplina la corrige.»
Proverbios 22:15

«Debe gobernar bien su casa y hacer que sus hijos le obedezcan con el debido respeto; porque el que no sabe gobernar su propia familia, ¿cómo podrá cuidar de la iglesia de Dios?» 1 Timoteo 3:4-5

«No corregir al hijo es no quererlo; amarlo es disciplinarlo.» Proverbios 13:24

«Por sus hechos el niño deja entrever si su conducta será pura y recta.»
Proverbios 20:11

«Padres, no exasperen a sus hijos, no sea que se desanimen.» Colosenses 3:21

«*Y ustedes, padres, no hagan enojar a sus hijos, sino críenlos según la disciplina e instrucción del Señor.*»
Efesios 6:4

«*Reconoce en tu corazón que, así como un padre disciplina a su hijo, también el SEÑOR tu Dios te disciplina a ti.*»
Deuteronomio 8:5

«*Porque el SEÑOR disciplina a los que ama, como corrige un padre a su hijo querido.*» Proverbios 3:12

¿Qué dice Dios sobre tu trato con los demás?

Relacionarte bien con quienes te rodean, es todo un arte. Dios nos creó para vivir en comunidad, y cuanto más nos parecemos a Él, más fácil es tener relaciones saludables con los demás.

«En fin, vivan en armonía los unos con los otros; compartan penas y alegrías, practiquen el amor fraternal, sean compasivos y humildes. No devuelvan mal por mal ni insulto por insulto; más bien, bendigan, porque para esto fueron llamados, para heredar una bendición.» 1 Pedro 3:8-9

«El amor debe ser sincero. Aborrezcan el mal; aférrense al bien. Ámense los unos a los otros con amor fraternal, respetándose y honrándose mutuamente.» Romanos 12:9-10

«Ahora que se han purificado obedeciendo a la verdad y tienen un amor sincero por sus hermanos, ámense de todo corazón los unos a los otros.» 1 Pedro 1:22

«No nos cansemos de hacer el bien, porque a su debido tiempo cosecharemos si no nos damos por vencidos. Por lo tanto, siempre que tengamos la oportunidad, hagamos bien a todos, y en especial a los de la familia de la fe.» Gálatas 6:9-10

«Recuérdales a todos que deben mostrarse obedientes y sumisos ante los gobernantes y las autoridades. Siempre deben estar dispuestos a hacer lo bueno: a no hablar mal de nadie, sino a buscar la paz y ser respetuosos, demostrando plena humildad en su trato con todo el mundo.» Tito 3:1-2

«No seas vengativo con tu prójimo, ni le guardes rencor. Ama a tu prójimo como a ti mismo. Yo soy el Señor.» Levítico 19:18

«¡Cuán bueno y cuán agradable es que los hermanos convivan en armonía!» Salmos 133:1

«Pero ahora abandonen también todo esto: enojo, ira, malicia, calumnia y lenguaje obsceno.» Colosenses 3:8

«Procuren vivir en paz con todos, ocuparse de sus propias responsabilidades y trabajar con sus propias manos. Así les he mandado, para que por su modo de vivir se ganen el respeto de los que no son creyentes, y no tengan que depender de nadie.» 1 Tesalonicenses 4:11-12

«Así mismo, jóvenes, sométanse a los ancianos. Revístanse todos de humildad en su trato mutuo, porque «Dios se opone a los orgullosos, pero da gracia a los humildes». Humíllense, pues, bajo la poderosa mano de Dios, para que él los exalte a su debido tiempo.» 1 Pedro 5:5-6

¿Qué dice Dios sobre los amigos?

La gente que te rodea
y con la que frecuentas,
es mucho más importante
de lo que te imaginas. Pueden
ayudarte a sacar lo mejor
de ti o llevarte a la ruina.

«El perfume y el incienso alegran el corazón; la dulzura de la amistad fortalece el ánimo.» Proverbios 27:9

«El amor debe ser sincero. Aborrezcan el mal; aférrense al bien.» Romanos 12:9 «Hay amigos que llevan a la ruina, y hay amigos más fieles que un hermano.» Proverbios 18:24

«Mi intercesor es mi amigo, y ante él me deshago en lágrimas» Job 16:20

«Más vale ser reprendido con franqueza que ser amado en secreto. Más confiable es el amigo que hiere que el enemigo que besa.» Proverbios 27:5-6

«Más valen dos que uno, porque obtienen más fruto de su esfuerzo. Si caen, el uno levanta al otro. ¡Ay del que cae y no tiene quien lo levante! Eclesiastés 4:9-10

«El perverso provoca contiendas, y el chismoso divide a los buenos amigos.» Proverbios 16:28

«El que perdona la ofensa cultiva el amor; el que insiste en la ofensa divide a los amigos.» Proverbios 17:9

«Nadie tiene amor más grande que el dar la vida por sus amigos. Dijo Jesús: Ustedes son mis amigos si hacen lo que yo les mando. Ya no los llamo siervos, porque el siervo no está al tanto de lo que hace su amo; los he llamado amigos, porque todo lo que a mi Padre le oí decir se lo he dado a conocer a ustedes.»
Juan 15:13-15

«En todo tiempo ama el amigo; para ayudar en la adversidad nació el hermano.» Proverbios 17:17

«No te hagas amigo de gente violenta, ni te juntes con los iracundos, no sea que aprendas sus malas costumbres y tú mismo caigas en la trampa.»
Proverbios 22:24-25

«No se dejen engañar: 'Las malas compañías corrompen las buenas costumbres.'» 1 Corintios 15:33

¿Qué dice Dios sobre las reacciones y actitudes?

Es vital estar sanas emocionalmente para poder establecer relaciones saludables con quienes nos rodean.

«Pero los exhorto a temer al Señor y a servirle fielmente y de todo corazón, recordando los grandes beneficios que él ha hecho en favor de ustedes.» 1 Samuel 12:24

«Si se enojan, no pequen; en la quietud del descanso nocturno examínense el corazón.» Salmos 4:4

«El sacrificio que te agrada es un espíritu quebrantado; tú, oh Dios, no desprecias al corazón quebrantado y arrepentido.» Salmos 51:17

«No juzguen por las apariencias; juzguen con justicia.» Juan 7:24

«Siempre humildes y amables, pacientes, tolerantes unos con otros en amor. Esfuércense por mantener la unidad del Espíritu mediante el vínculo de la paz.» Efesios 4:2-3

«Dichosos los que trabajan por la paz, porque serán llamados hijos de Dios.» Mateos 5:8

«La respuesta amable calma el enojo, pero la agresiva echa leña al fuego.» Proverbios 15:1

«No paguen a nadie mal por mal. Procuren hacer lo bueno delante de todos. Si es posible, y en cuanto dependa de ustedes, vivan en paz con todos.» Romanos 12:17-18

«Más vale ser paciente que valiente; más vale dominarse a sí mismo que conquistar ciudades.»
Proverbios 16:32

«Alégrense con los que están alegres; lloren con los que lloran. Vivan en armonía los unos con los otros. No sean arrogantes, sino háganse solidarios con los humildes. No se crean los únicos que saben.» Romanos 12:15-16

«La necedad del hombre le hace perder el rumbo, y para colmo se irrita contra el Señor.» Proverbios 19:3

«Háganlo todo sin quejas ni contiendas»
Filipenses 2:14

¿Qué dice Dios sobre los mentores?

Todos necesitamos mentores. Amigos mayores que nos ayuden a través de sus experiencias y por eso es súper importante que vayas "echándole el ojo" a esta gente especial que Dios de alguna manera ha puesto en tu camino para ayudarte a crecer.

«Sin dirección, la nación fracasa; el éxito depende de los muchos consejeros.» Proverbios 11:14

«Los sabios resplandecerán con el brillo de la bóveda celeste; los que instruyen a las multitudes en el camino de la justicia brillarán como las estrellas por toda la eternidad.» Daniel 12:3

«Afirma tus planes con buenos consejos; entabla el combate con buena estrategia.» Proverbios 20:18

«Más vale joven pobre pero sabio que rey viejo pero necio, que ya no sabe recibir consejos.» Eclesiastés 4:13

«Tus estatutos son mi deleite; son también mis consejeros.» Salmos 119:24

«La guerra se hace con buena estrategia; la victoria se alcanza con muchos consejeros.» Proverbios 24:6

«Les daré pastores que cumplan mi voluntad, para que los guíen con sabiduría y entendimiento.» Jeremías 3:15

«*Cuando falta el consejo, fracasan los planes; cuando abunda el consejo, prosperan.*» Proverbios 15:22

«*Por eso, confiésense unos a otros sus pecados, y oren unos por otros, para que sean sanados. La oración del justo es poderosa y eficaz.*» Santiago 5:16

«*Atiende al consejo y acepta la corrección, y llegarás a ser sabio.*» Proverbios 19:20

¿Qué dice Dios sobre tu mente?

Es imprescindible
rendir a Dios el territorio
de tu mente. Una mente
pura en Su palabra, recibe
inspiración divina, excelentes
ideas del cielo y la capacidad
de innovar y concretar
los sueños de Dios
para tu generación.

«Sean, pues, aceptables ante ti mis palabras y mis pensamientos, oh Señor, roca mía y redentor mío.» Salmos 19:14

«No se amolden al mundo actual, sino sean transformados mediante la renovación de su mente. Así podrán comprobar cuál es la voluntad de Dios, buena, agradable y perfecta.» Romanos 12:2

«No te apresures, ni con la boca ni con la mente, a proferir ante Dios palabra alguna; él está en el cielo y tú estás en la tierra. Mide, pues, tus palabras.» Eclesiastés 5:2

«El malvado trama el mal en su mente, y siempre anda provocando disensiones.» Proverbios 6:14

—"Ama al Señor tu Dios con todo tu corazón, con todo tu ser y con toda tu mente" —le respondió Jesús—. Mateo 22:37

«Los que viven conforme a la naturaleza pecaminosa fijan la mente en los deseos de tal naturaleza; en cambio, los que viven conforme al Espíritu fijan la mente en los deseos del Espíritu.» Romanos 8:5

«Sin embargo, como está escrito:
«Ningún ojo ha visto, ningún oído
ha escuchado, ninguna mente humana
ha concebido lo que Dios ha preparado
para quienes lo aman.» 1 Corintios 2:9

«Con respecto a la vida que antes
llevaban, se les enseñó que debían
quitarse el ropaje de la vieja naturaleza,
la cual está corrompida por los deseos
engañosos; ser renovados en la actitud
de su mente; y ponerse el ropaje de la
nueva naturaleza, creada a imagen
de Dios, en verdadera justicia y
santidad.» Efesios 4:22-24

«Por último, hermanos, consideren bien
todo lo verdadero, todo lo respetable,
todo lo justo, todo lo puro, todo lo amable,
todo lo digno de admiración, en fin, todo
lo que sea excelente o merezca elogio.»
Filipenses 4:8

«Mis caminos y mis pensamientos son más
altos que los de ustedes; ¡más altos que los
cielos sobre la tierra!» Isaías 55:9

¿Qué dice Dios sobre tu mundo interior?

Dios conoce tu intimidad y los rincones más privados de tu ser. Permite que su palabra impregne toda tu esencia, aun esa parte imperceptible para los demás. Lo que solo tú y Dios conocen.

«Que nunca te abandonen el amor y la verdad: llévalos siempre alrededor de tu cuello y escríbelos en el libro de tu corazón. Contarás con el favor de Dios y tendrás buena fama entre la gente.» Proverbios 3:3-4

«En cambio Jesús no les creía porque los conocía a todos; no necesitaba que nadie le informara nada acerca de los demás, pues él conocía el interior del ser humano.» Juan 2:24-25

«Pero si tu visión está nublada, todo tu ser estará en oscuridad. Si la luz que hay en ti es oscuridad, ¡qué densa será esa oscuridad!» Mateo 6:23

«Dedíquense a la oración: perseveren en ella con agradecimiento.» Colosenses 4:2

«Acerquémonos, pues, a Dios con corazón sincero y con la plena seguridad que da la fe, interiormente purificados de una conciencia culpable y exteriormente lavados con agua pura.» Hebreos 10:22

«No hay nada escondido que no esté destinado a descubrirse; tampoco hay nada oculto que no esté destinado a ser revelado.» Marcos 4:22

«Examíname, oh Dios, y sondea mi corazón; ponme a prueba y sondea mis pensamientos.» Salmos 139:23

«Señor, tú me examinas, tú me conoces. Sabes cuándo me siento y cuándo me levanto; aun a la distancia me lees el pensamiento. Mis trajines y descansos los conoces; todos mis caminos te son familiares. No me llega aún la palabra a la lengua cuando tú, Señor, ya la sabes toda.» Salmos 139:1-4

«Oren en el Espíritu en todo momento, con peticiones y ruegos. Manténganse alerta y perseveren en oración por todos los santos.» Efesios 6:18

¿Qué dice Dios sobre tus decisiones?

Amiga, consulta a Dios
y su palabra antes de tomar
cada decisión importante
de tu vida. Eso te asegurará
un camino con menos tropiezos
y más bendiciones. Puedes
contar con tu Creador
cada vez que lo necesites.

«Enséñanos a contar bien nuestros días, para que nuestro corazón adquiera sabiduría.» Salmos 90:12

«Pon la mirada en lo que tienes delante; fija la vista en lo que está frente a ti. Endereza las sendas por donde andas; allana todos tus caminos. No te desvíes ni a diestra ni a siniestra; apártate de la maldad.» Proverbios 4:25-27

«Así que tengan cuidado de su manera de vivir. No vivan como necios sino como sabios, aprovechando al máximo cada momento oportuno, porque los días son malos. Por tanto, no sean insensatos, sino entiendan cuál es la voluntad del Señor.» Efesios 5:15-17

«El malvado es inflexible en sus decisiones; el justo examina su propia conducta.» Proverbios 21:29

«Sea o no de nuestro agrado, obedeceremos la voz del Señor nuestro Dios, a quien te enviamos a consultar. Así, al obedecer la voz del Señor nuestro Dios, nos irá bien.» Jeremías 42:6

«*Con Dios están la sabiduría y el poder; suyos son el consejo y el entendimiento.*» Job 12:13

«*El Señor dice: «Yo te instruiré, yo te mostraré el camino que debes seguir; yo te daré consejos y velaré por ti.*» Salmos 32:8

«*Cuando falta el consejo, fracasan los planes; cuando abunda el consejo, prosperan.*» Proverbios 15:22

«*Atiende al consejo y acepta la corrección, y llegarás a ser sabio.*» Proverbios 19:20

«*Él es quien formó el corazón de todos, y quien conoce a fondo todas sus acciones.*» Salmos 33:15

«*Afirma tus planes con buenos consejos; entabla el combate con buena estrategia.*» Proverbios 20:18

«*Hoy pongo al cielo y a la tierra por testigos contra ti, de que te he dado a elegir entre la vida y la muerte, entre la bendición y la maldición. Elige, pues, la vida, para que vivan tú y tus descendientes.*» Deuteronomio 30:19

«Por eso, dispónganse para actuar con inteligencia; tengan dominio propio; pongan su esperanza completamente en la gracia que se les dará cuando se revele Jesucristo.» 1 Pedro 1:13

«Los planes bien pensados: ¡pura ganancia! Los planes apresurados: ¡puro fracaso!» Proverbios 21:5

¿Qué dice Dios sobre tus motivaciones?

¿Te has preguntado cuáles son las intenciones detrás de tus acciones? Este es un buen momento para detenernos a leer lo que la Biblia nos dice sobre nuestras motivaciones.

«*El corazón tranquilo da vida al cuerpo, pero la envidia corroe los huesos.*»
Proverbios 14:30

«*Que nunca te abandonen el amor y la verdad: llévalos siempre alrededor de tu cuello y escríbelos en el libro de tu corazón.*» Proverbios 3:3

«*Yo, el Señor, sondeo el corazón y examino los pensamientos, para darle a cada uno según sus acciones y según el fruto de sus obras.*» Jeremías 17:10

«*El que va tras la justicia y el amor halla vida, prosperidad y honra.*»
Proverbios 21:21

«*El Señor es sol y escudo; Dios nos concede honor y gloria. El Señor brinda generosamente su bondad a los que se conducen sin tacha.*» Salmos 84:11

«*¡Ya se te ha declarado lo que es bueno! Ya se te ha dicho lo que de ti espera el Señor: Practicar la justicia, amar la misericordia, y humillarte ante tu Dios.*»
Miqueas 6:8

«*La justicia protege al que anda en integridad, pero la maldad arruina al pecador.*» Proverbios 13:6

«*Tus ojos son la lámpara de tu cuerpo. Si tu visión es clara, todo tu ser disfrutará de la luz; pero si está nublada, todo tu ser estará en la oscuridad.*» Lucas 11:34

«*¿Quién puede subir al monte del Señor? ¿Quién puede estar en su lugar santo? Sólo el de manos limpias y corazón puro.*» Salmos 24:3-4

«*Quien se conduce con integridad, anda seguro; quien anda en malos pasos será descubierto.*» Proverbios 10:9

«*Pues donde tengan ustedes su tesoro, allí estará también su corazón.*» Lucas 12:34

«*Cuando el Señor aprueba la conducta de un hombre, hasta con sus enemigos lo reconcilia.*» Proverbios 16:7

Una mirada
hacia atrás

¿Qué dice
Dios sobre
tu pasado?

Nuestro Padre es especialista
en olvidar el pasado.
No importa qué hayas escrito
en las páginas de tu historia
personal, tu pasado
no determina tu futuro.

«Nunca preguntes por qué todo tiempo pasado fue mejor. No es de sabios hacer tales preguntas.» Eclesiastés 7:10

«Por lo tanto, si alguno está en Cristo, es una nueva creación. ¡Lo viejo ha pasado, ha llegado ya lo nuevo!18 Todo esto proviene de Dios, quien por medio de Cristo nos reconcilió consigo mismo y nos dio el ministerio de la reconciliación.» 2 Corintios 5:17-18

«No es que ya lo haya conseguido todo, o que ya sea perfecto. Sin embargo, sigo adelante esperando alcanzar aquello para lo cual Cristo Jesús me alcanzó a mí. Hermanos, no pienso que yo mismo lo haya logrado ya. Más bien, una cosa hago: olvidando lo que queda atrás y esforzándome por alcanzar lo que está delante, sigo avanzando hacia la meta para ganar el premio que Dios ofrece mediante su llamamiento celestial en Cristo Jesús.» Filipenses 3:12-14

«Olviden las cosas de antaño; ya no vivan en el pasado.» Isaías 43:18

«Las angustias del pasado han quedado en el olvido, las he borrado de mi vista.» Isaías 65:16

«Yo les perdonaré sus iniquidades, y nunca más me acordaré de sus pecados.» Hebreos 8:12

«Tú, Señor, eres bueno y perdonador; grande es tu amor por todos los que te invocan.» Salmos 86:5

«Presten atención, que estoy por crear un cielo nuevo y una tierra nueva. No volverán a mencionarse las cosas pasadas, ni se traerán a la memoria. Alégrense más bien, y regocíjense por siempre, por lo que estoy a punto de crear: Estoy por crear una Jerusalén feliz, un pueblo lleno de alegría.» Isaías 65:17-18

«Jesucristo es el mismo ayer y hoy y por los siglos.» Hebreos 13:8

«También el Espíritu Santo nos da testimonio de ello. Primero dice: «Éste es el pacto que haré con ellos después de aquel tiempo —dice el Señor—: Pondré mis leyes en su corazón, y las escribiré en su mente.» Después añade: «Y nunca más me acordaré de sus pecados y maldades.» Y cuando éstos han sido perdonados, ya no hace falta otro sacrificio por el pecado.» Hebreos 10:15-18

¿Qué dice Dios sobre tu pecado?

Cada vez que te equivoques
o sientas haber desilusionado
a tu Dios, corre inmediatamente
a sus brazos de amor,
que siempre estarán listos
para abrazarte y perdonarte.
¡Nuestro Dios es un Dios
de nuevas oportunidades!

«*Por tanto, también nosotros, que estamos rodeados de una multitud tan grande de testigos, despojémonos del lastre que nos estorba, en especial del pecado que nos asedia, y corramos con perseverancia la carrera que tenemos por delante. Fijemos la mirada en Jesús, el iniciador y perfeccionador de nuestra fe, quien por el gozo que le esperaba, soportó la cruz, menospreciando la vergüenza que ella significaba, y ahora está sentado a la derecha del trono de Dios.*» Hebreos 12:1-2

«*Al que no cometió pecado alguno, por nosotros Dios lo trató como pecador, para que en él recibiéramos la justicia de Dios.*» 2 Corintios 5:21

«*Él mismo, en su cuerpo, llevó al madero nuestros pecados, para que muramos al pecado y vivamos para la justicia. Por sus heridas ustedes han sido sanados.*» 1 Pedro 2:24

«*Todos somos como gente impura; todos nuestros actos de justicia son como trapos de inmundicia. Todos nos marchitamos como hojas: nuestras iniquidades nos arrastran como el viento.*» Isaías 64:6

«Vengan, pongamos las cosas en claro —dice el Señor—. ¿Son sus pecados como escarlata? ¡Quedarán blancos como la nieve! ¿Son rojos como la púrpura? ¡Quedarán como la lana!» Isaías 1:18

«Tan lejos de nosotros echó nuestras transgresiones como lejos del oriente está el occidente.» Salmos 103:12

«Si confesamos nuestros pecados, Dios, que es fiel y justo, nos los perdonará y nos limpiará de toda maldad.» 1 Juan 1:9

«Porque el Señor tu Dios es un Dios compasivo, que no te abandonará ni te destruirá, ni se olvidará del pacto que mediante juramento hizo con tus antepasados.» Deuteronomio 4:31

«A diferencia de los otros sumos sacerdotes, él no tiene que ofrecer sacrificios día tras día, primero por sus propios pecados y luego por los del pueblo; porque él ofreció el sacrificio una sola vez y para siempre cuando se ofreció a sí mismo.» Hebreos 7:27

«*Les digo que así mismo se alegra Dios con sus ángeles por un pecador que se arrepiente.*» Lucas 15:10

«*Si mi pueblo, que lleva mi nombre, se humilla y ora, y me busca y abandona su mala conducta, yo lo escucharé desde el cielo, perdonaré su pecado y restauraré su tierra.*» 2 Crónicas 7:14

¿Qué dice Dios sobre quienes te han herido?

A todas nos han herido
en determinado momento
de nuestra vida. Lo importante
es cómo lidiamos con ese
resentimiento que nos destruye
por dentro. Si te ofenden,
se rápida para perdonar.
El mismo perdón que recibes
continuamente de tu Dios,
es el que debes extenderle
a los demás.

«Por lo tanto, como escogidos de Dios, santos y amados, revístanse de afecto entrañable y de bondad, humildad, amabilidad y paciencia, de modo que se toleren unos a otros y se perdonen si alguno tiene queja contra otro. Así como el Señor los perdonó, perdonen también ustedes. Por encima de todo, vístanse de amor, que es el vínculo perfecto.»
Colosenses 3:12-14

«Más bien, sean bondadosos y compasivos unos con otros, y perdónense mutuamente, así como Dios los perdonó a ustedes en Cristo.» Efesios 4:32

«Esfuércense por mantener la unidad del Espíritu mediante el vínculo de la paz.»
Efesios 4:3

«Pero yo les digo: No resistan al que les haga mal. Si alguien te da una bofetada en la mejilla derecha, vuélvele también la otra.» Mateo 5:39

«Nunca digas: "¡Me vengaré de ese daño!" Confía en el Señor, y él actuará por ti.» Proverbios 20:22

«No prevalecerá ninguna arma que se forje contra ti; toda lengua que te acuse será refutada. Ésta es la herencia de los siervos del Señor, la justicia que de mí procede —afirma el Señor—.»
Isaías 54:17

«No te alegres cuando caiga tu enemigo, ni se regocije tu corazón ante su desgracia» Proverbios 24:17

«No juzguen, y no se les juzgará. No condenen, y no se les condenará. Perdonen, y se les perdonará.» Lucas 6:37

«Sobre todo, ámense los unos a los otros profundamente, porque el amor cubre multitud de pecados.» 1 Pedro 4:8

«No tomen venganza, hermanos míos, sino dejen el castigo en las manos de Dios, porque está escrito: «Mía es la venganza; yo pagaré», dice el Señor. Antes bien, «Si tu enemigo tiene hambre, dale de comer; si tiene sed, dale de beber. Actuando así, harás que se avergüence de su conducta.» No te dejes vencer por el mal; al contrario, vence el mal con el bien.» Romanos 12:19-21

«Así que, ¡cuídense! Si tu hermano peca, repréndelo; y si se arrepiente, perdónalo. Aun si peca contra ti siete veces en un día, y siete veces regresa a decirte "Me arrepiento", perdónalo.»
Lucas 17:3-4

Una vida
intencional

¿Qué dice Dios sobre tu esfuerzo y dedicación?

Dios honra a los diligentes y premia nuestro trabajo. La dedicación y el esfuerzo denotan gran madurez, querida amiga.

«El de manos diligentes gobernará; pero el perezoso será subyugado.» Proverbios 12:24

«Su señor le respondió: "¡Hiciste bien, siervo bueno y fiel! En lo poco has sido fiel; te pondré a cargo de mucho más. ¡Ven a compartir la felicidad de tu señor!"» Mateo 25:21

«¿Has visto a alguien diligente en su trabajo? Se codeará con reyes, y nunca será un Don Nadie.» Proverbios 22:29

«Sé diligente en estos asuntos; entrégate de lleno a ellos, de modo que todos puedan ver que estás progresando.» 1 Timoteo 4:15

«Nunca digas a tu prójimo: «Vuelve más tarde; te ayudaré mañana», si hoy tienes con qué ayudarlo.» Proverbios 3:28

«Todo esfuerzo tiene su recompensa, pero quedarse sólo en palabras lleva a la pobreza.» Proverbios 14:23

«Si el hacha pierde su filo, y no se vuelve a afilar, hay que golpear con más fuerza. El éxito radica en la acción sabia y bien ejecutada.» Eclesiastés 10:10

«El que trabaja la tierra tendrá abundante comida; el que sueña despierto sólo abundará en pobreza.»
Proverbios 28:19

«Porque Dios no es injusto como para olvidarse de las obras y del amor que, para su gloria, ustedes han mostrado sirviendo a los santos, como lo siguen haciendo.» Hebreos 6:10

«Esfuérzate por presentarte a Dios aprobado, como obrero que no tiene de qué avergonzarse y que interpreta rectamente la palabra de verdad.»
2 Timoteo 2:15

«Tendrás éxito en todo lo que emprendas, y en tus caminos brillará la luz.»
Job 22:28

«El perezoso ambiciona, y nada consigue; el diligente ve cumplidos sus deseos.»
Proverbios 13:4

¿Qué dice Dios sobre tus habilidades?

Todas las chicas somos súper talentosas. Hayas descubierto o no cuáles son tus mejores habilidades, recuerda que servirán para bendecir a los demás y para sustentarte a lo largo de toda tu vida. ¡Cuándo rendimos nuestros talentos a Dios, alcanzamos nuestro mayor potencial y podemos servir mejor a quienes nos rodean!

«*Cada uno ponga al servicio de los demás el don que haya recibido, administrando fielmente la gracia de Dios en sus diversas formas.*»
1 Pedro 4:10

«*Cuiden como pastores el rebaño de Dios que está a su cargo, no por obligación ni por ambición de dinero, sino con afán de servir, como Dios quiere.*» 1 Pedro 5:2

«*Pues así como cada uno de nosotros tiene un solo cuerpo con muchos miembros, y no todos estos miembros desempeñan la misma función, también nosotros, siendo muchos, formamos un solo cuerpo en Cristo, y cada miembro está unido a todos los demás. Tenemos dones diferentes, según la gracia que se nos ha dado.*» Romanos 12:4-6

«*Porque ni aun el Hijo del hombre vino para que le sirvan, sino para servir y para dar su vida en rescate por muchos.*»
Marcos 10:45

«*Hay diversas maneras de servir, pero un mismo Señor.*» 1 Corintios 12:5

«*La cosecha es abundante, pero son pocos los obreros —les dijo a sus discípulos—. Pídanle, por tanto, al Señor de la cosecha que envíe obreros a su campo.*» Mateo 9:37

«*Pero ustedes, así como sobresalen en todo —en fe, en palabras, en conocimiento, en dedicación y en su amor hacia nosotros—, procuren también sobresalir en esta gracia de dar.*» 2 Corintios 8:7

«*Hagan lo que hagan, trabajen de buena gana, como para el Señor y no como para nadie en este mundo.*» Colosenses 3:23

«*Las manos ociosas conducen a la pobreza; las manos hábiles atraen riquezas.*» Proverbios 10:4

«*Por lo tanto, mis queridos hermanos, manténganse firmes e inconmovibles, progresando siempre en la obra del Señor, conscientes de que su trabajo en el Señor no es en vano.*» 1 corintios 15:58

«*Ustedes son la luz del mundo. Una ciudad en lo alto de una colina no puede esconderse. Ni se enciende una*

lámpara para cubrirla con un cajón.
Por el contrario, se pone en la repisa
para que alumbre a todos los que están
en la casa. *Hagan brillar su luz delante
de todos, para que ellos puedan ver las
buenas obras de ustedes y alaben al
Padre que está en el cielo.»* Mateo 5:14-16

¿Qué dice Dios sobre tus palabras?

Lo que decimos tiene un tremendo potencial, tanto para bendecir como para maldecir; para producir vida, o muerte. Las palabras pueden inspirar, levantar, motivar y desafiar. O pueden tener el efecto contrario: desilusionar, desalentar y degradar.

«*Eviten toda conversación obscena. Por el contrario, que sus palabras contribuyan a la necesaria edificación y sean de bendición para quienes escuchan.*» Efesios 4:29

«*Panal de miel son las palabras amables: endulzan la vida y dan salud al cuerpo.*» Proverbios 16:24

«*Compórtense sabiamente con los que no creen en Cristo, aprovechando al máximo cada momento oportuno. Que su conversación sea siempre amena y de buen gusto. Así sabrán cómo responder a cada uno.*» Colosenses 4:5-6

«*La boca del justo imparte sabiduría, y su lengua emite justicia.*» Salmos 37:30

«*El corazón entendido va tras el conocimiento; la boca de los necios se nutre de tonterías.*» Proverbios 15:14

«*Además de ser sabio, el Maestro impartió conocimientos a la gente. Ponderó, investigó y ordenó muchísimos proverbios. Procuró también hallar las palabras más adecuadas y escribirlas con honradez y veracidad. Las palabras*

de los sabios son como aguijones.
Como clavos bien puestos son sus
colecciones de dichos, dados por un solo
pastor.»* Eclesiastés 12:9-11

*«El que ama la pureza de corazón y tiene
gracia al hablar tendrá por amigo al
rey.»* Proverbios 22:11

*«Como loco que dispara mortíferas
flechas encendidas, es quien engaña a
su amigo y explica: "¡Tan sólo estaba
bromeando!"»* Proverbios 26:18-19

*«Y al orar, no hablen sólo por hablar
como hacen los gentiles, porque ellos se
imaginan que serán escuchados por sus
muchas palabras.»* Mateo 6:7

*«En lo íntimo de mi ser me alegraré
cuando tus labios hablen con rectitud.»*
Proverbios 23:16

*«Mujer ejemplar, ¿dónde se hallará? ¡Es
más valiosa que las piedras preciosas!
Cuando habla, lo hace con sabiduría;
cuando instruye, lo hace con amor.»*
Proverbios 31:10; 26

«Como naranjas de oro con incrustaciones de plata son las palabras dichas a tiempo.» Proverbios 25:11

«Señor, ponme en la boca un centinela; un guardia a la puerta de mis labios.» Salmos 141:3

«El charlatán hiere con la lengua como con una espada, pero la lengua del sabio brinda alivio.» Proverbios 12:18

«Es muy grato dar la respuesta adecuada, y más grato aún cuando es oportuna.» Proverbios 15:23

Asuntos
del corazón

¿Qué dice Dios sobre el verdadero amor?

*Las chicas soñamos
con encontrar en un chico
el verdadero amor.
Pero cuando nos rendimos
realmente a Dios, descubrimos
un amor real y supremo;
porque Dios es amor.
Su esencia y su naturaleza
son el amor.*

«El que no ama no conoce a Dios, porque Dios es amor.» 1 Juan 4:8

«El amor es paciente, es bondadoso. El amor no es envidioso ni jactancioso ni orgulloso. No se comporta con rudeza, no es egoísta, no se enoja fácilmente, no guarda rencor. El amor no se deleita en la maldad sino que se regocija con la verdad. Todo lo disculpa, todo lo cree, todo lo espera, todo lo soporta.»
1 Corintios 13:4-8

«Grábame como un sello sobre tu corazón; llévame como una marca sobre tu brazo. Fuerte es el amor, como la muerte, y tenaz la pasión, como el sepulcro. Como llama divina es el fuego ardiente del amor. Ni las muchas aguas pueden apagarlo, ni los ríos pueden extinguirlo. Si alguien ofreciera todas sus riquezas a cambio del amor, sólo conseguiría el desprecio.»
Cantares 8:6-7

«¡Cuán precioso, oh Dios, es tu gran amor! Todo ser humano halla refugio a la sombra de tus alas.»
Salmos 36:7

«Y esta esperanza no nos defrauda, porque Dios ha derramado su amor en nuestro corazón por el Espíritu Santo que nos ha dado.» Romanos 5:5

«Y nosotros hemos llegado a saber y creer que Dios nos ama. Dios es amor. El que permanece en amor, permanece en Dios, y Dios en él.» 1 Juan 4:16

«Pero Dios demuestra su amor por nosotros en esto: en que cuando todavía éramos pecadores, Cristo murió por nosotros.» Romanos 5:8

«Queridos hermanos, amémonos los unos a los otros, porque el amor viene de Dios, y todo el que ama ha nacido de él y lo conoce.» 1 Juan 4:7

«Así manifestó Dios su amor entre nosotros: en que envió a su Hijo unigénito al mundo para que vivamos por medio de él. En esto consiste el amor: no en que nosotros hayamos amado a Dios, sino en que él nos amó y envió a su Hijo para que fuera ofrecido como sacrificio por el perdón de nuestros pecados.» 1 Juan 4:9-10

«*Ahora, pues, permanecen estas tres virtudes: la fe, la esperanza y el amor. Pero la más excelente de ellas es el amor.*» 1 Corintios 13:13

¿Qué dice Dios sobre la sexualidad?

Dios te ha hecho con especial delicadeza, pero con tremenda fuerza interior. Entrega a Dios todo tu cuerpo y tu ser completo para vivir una vida plena, tal como Dios la ha soñado para ti.

«Y Dios creó al ser humano a su imagen; lo creó a imagen de Dios. Hombre y mujer los creó» Génesis 1:27

«No ofrezcan los miembros de su cuerpo al pecado como instrumentos de injusticia; al contrario, ofrézcanse más bien a Dios como quienes han vuelto de la muerte a la vida, presentando los miembros de su cuerpo como instrumentos de justicia.» Romanos 6:13

«Huye de las malas pasiones de la juventud, y esmérate en seguir la justicia, la fe, el amor y la paz, junto con los que invocan al Señor con un corazón limpio.» 2 Timoteo 2:22

«Alégrate, joven, en tu juventud; deja que tu corazón disfrute de la adolescencia. Sigue los impulsos de tu corazón y responde al estímulo de tus ojos, pero toma en cuenta que Dios te juzgará por todo esto.» Eclesiastés 11:9

«¿Por qué, hijo mío, dejarte cautivar por una adúltera? ¿Por qué abrazarte al pecho de la mujer ajena?» Proverbios 5:20

«¿No saben que los malvados no heredarán el reino de Dios? ¡No se dejen engañar! Ni los fornicarios, ni los idólatras, ni los adúlteros, ni los sodomitas, ni los pervertidos sexuales» 1 Corintios 6:9

«Pero al que comete adulterio le faltan sesos; el que así actúa se destruye a sí mismo. No sacará más que golpes y vergüenzas, y no podrá borrar su oprobio.» Proverbios 6:32-33

«Ustedes han oído que se dijo: "No cometas adulterio." Pero yo les digo que cualquiera que mira a una mujer y la codicia ya ha cometido adulterio con ella en el corazón.» Mateo 5:27-28

«Antes ofrecían ustedes los miembros de su cuerpo para servir a la impureza, que lleva más y más a la maldad; ofrézcanlos ahora para servir a la justicia que lleva a la santidad.» Romanos 6:19

¿Qué dice Dios sobre el matrimonio?

No hay nada más emocionante que compartir el viaje de tu vida con alguien que tiene tu misma pasión por Dios. Un matrimonio que ora junto, se convierte en una fuerza poderosa, capaz de vencer las adversidades que la vida le ponga por delante.

«Por eso el hombre deja a su padre y a su madre, y se une a su mujer, y los dos se funden en un solo ser.» Génesis 2:24

«Esposas, sométanse a sus propios esposos como al Señor.» Efesios 5:22

«Pero en vista de tanta inmoralidad, cada hombre debe tener su propia esposa, y cada mujer su propio esposo.» 1 Corintios 7:2

«Así como la iglesia se somete a Cristo, también las esposas deben someterse a sus esposos en todo. Esposos, amen a sus esposas, así como Cristo amó a la iglesia y se entregó por ella.» Efesios 5:24-25

«Así mismo el esposo debe amar a su esposa como a su propio cuerpo. El que ama a su esposa se ama a sí mismo» Efesios 5:28

«Esposos, amen a sus esposas y no sean duros con ellas.» Colosenses 3:19

«A las ancianas, enséñales que sean reverentes en su conducta, y no calumniadoras ni adictas al mucho vino. Deben enseñar lo bueno 4 y aconsejar

*a las jóvenes a amar a sus esposos y
a sus hijos, 5 a ser sensatas y puras,
cuidadosas del hogar, bondadosas y
sumisas a sus esposos, para que no se
hable mal de la palabra de Dios.»*
Tito 2:3-5

*«Así mismo, esposas, sométanse a
sus esposos, de modo que si algunos de
ellos no creen en la palabra, puedan ser
ganados más por el comportamiento de
ustedes que por sus palabras»* 1 Pedro 3:1

*«De igual manera, ustedes esposos,
sean comprensivos en su vida conyugal,
tratando cada uno a su esposa con
respeto, ya que como mujer es más
delicada, y ambos son herederos del
grato don de la vida. Así nada estorbará
las oraciones de ustedes.»* 1 Pedro 3:7

*«Tengan todos en alta estima el
matrimonio y la fidelidad conyugal,
porque Dios juzgará a los adúlteros y
a todos los que cometen inmoralidades
sexuales.»* Hebreos 13:4

*«La mujer sabia edifica su casa; la necia,
con sus manos la destruye.»*
Proverbios 14:1

«Más vale habitar en el desierto que con mujer pendenciera y de mal genio.»
Proverbios 21:19

¿Que dice Dios sobre la soledad?

*No hay nada de malo
en sentirnos solas
de vez en cuando.
El problema surge cuando
este sentimiento de soledad
se vuelve tan habitual que nos
lleva a la desesperación,
la angustia y la depresión.
Tu Padre siempre está contigo,
puedes confiar en El.*

«¿A dónde podría alejarme de tu Espíritu? ¿A dónde podría huir de tu presencia? Si subiera al cielo, allí estás tú; si tendiera mi lecho en el fondo del abismo, también estás allí. Si me elevara sobre las alas del alba, o me estableciera en los extremos del mar, aun allí tu mano me guiaría, ¡me sostendría tu mano derecha! Y si dijera: «Que me oculten las tinieblas; que la luz se haga noche en torno mío», ni las tinieblas serían oscuras para ti, y aun la noche sería clara como el día. ¡Lo mismo son para ti las tinieblas que la luz!» Salmo 139:7-12

«Ni lo alto ni lo profundo, ni cosa alguna en toda la creación, podrá apartarnos del amor que Dios nos ha manifestado en Cristo Jesús nuestro Señor.»
Romanos 8:39

«Prueben y vean que el Señor es bueno; dichosos los que en él se refugian.»
Salmos 34:8

«Durante todos los días de tu vida, nadie será capaz de enfrentarse a ti. Así como estuve con Moisés, también estaré contigo; no te dejaré ni te abandonaré.»
Josue 1:5

«*Porque sólo un instante dura su enojo, pero toda una vida su bondad. Si por la noche hay llanto, por la mañana habrá gritos de alegría.*» Salmos 30:5

«*¡Voy a hacer algo nuevo! Ya está sucediendo, ¿no se dan cuenta? Estoy abriendo un camino en el desierto, y ríos en lugares desolados.*» Isaías 43:19

«*Serás en la mano del Señor como una corona esplendorosa, ¡como una diadema real en la palma de tu Dios! Ya no te llamarán «Abandonada», ni a tu tierra la llamarán «Desolada», sino que serás llamada «Mi deleite»; tu tierra se llamará «Mi esposa»; porque el Señor se deleitará en ti, y tu tierra tendrá esposo. Como un joven que se casa con una doncella, así el que te edifica se casará contigo; como un novio que se regocija por su novia, así tu Dios se regocijará por ti.*» Isaías 62:3-5

«*Ya te lo he ordenado: ¡Sé fuerte y valiente! ¡No tengas miedo ni te desanimes! Porque el Señor tu Dios te acompañará dondequiera que vayas.*» Josue 1:9

«Y les aseguro que estaré con ustedes siempre, hasta el fin del mundo.»
Mateo 28:20

¿Qué dice Dios sobre el corazón?

El corazón es el asiento
de las emociones y de la voluntad
de las personas. Es el espejo
del alma y un reflejo de nuestra
esencia. Este músculo físico
es mucho más que un órgano
indispensable de nuestro cuerpo.
Veamos qué opina Dios
sobre tu corazón.

«El Señor está cerca de los quebrantados de corazón, y salva a los de espíritu abatido.» Salmos 34:18

«El corazón humano genera muchos proyectos, pero al final prevalecen los designios del Señor.» Proverbios 19:21

«Mi escudo está en Dios, que salva a los de corazón recto.» Salmos 7:10

«Por sobre todas las cosas cuida tu corazón, porque de él mana la vida.» Proverbios 4:23

«Dichosos los de corazón limpio, porque ellos verán a Dios.» Mateo 5:8

«El corazón del hombre traza su rumbo, pero sus pasos los dirige el Señor.» Proverbios 16:9

«Deléitate en el Señor, y él te concederá los deseos de tu corazón.» Salmos 37:4

«Yo les daré un corazón íntegro, y pondré en ellos un espíritu renovado. Les arrancaré el corazón de piedra que ahora tienen, y pondré en ellos un corazón de carne» Ezequiel 11:19

«*El que ama la pureza de corazón y tiene gracia al hablar tendrá por amigo al rey.*» Proverbios 22:11

«*Nada hay tan engañoso como el corazón. No tiene remedio. ¿Quién puede comprenderlo?*» Jeremías 17:9

«*Los preceptos del Señor son rectos: traen alegría al corazón. El mandamiento del Señor es claro: da luz a los ojos.*» Salmos 19:8

«*¿Quién, Señor, puede habitar en tu santuario? ¿Quién puede vivir en tu santo monte? Sólo el de conducta intachable, que practica la justicia y de corazón dice la verdad; que no calumnia con la lengua, que no le hace mal a su prójimo ni le acarrea desgracias a su vecino;*» Salmos 15:1-3

«*Él es quien formó el corazón de todos, y quien conoce a fondo todas sus acciones.*» Salmos 33:15

¿Qué dice Dios sobre sí mismo?

Mientras más le conoces,
más le amas. Mientras más
lo buscas, más te pareces a Él.

«Yo soy el Dios Todopoderoso. Vive en mi presencia y sé intachable.» Génesis 17:1

«Yo soy el Señor su Dios. Si escuchan mi voz y hacen lo que yo considero justo, y si cumplen mis leyes y mandamientos, no traeré sobre ustedes ninguna de las enfermedades que traje sobre los egipcios. Yo soy el Señor, que les devuelve la salud.» Éxodo 15:26

«Yo soy el Señor su Dios, así que santifíquense y manténganse santos, porque yo soy santo.» Levítico 11:44

«Yo, el Señor, Dios de Israel, lo afirmo. Yo honro a los que me honran, y humillo a los que me desprecian.» 1 Samuel 2:30

«Yo, yo soy el Señor, fuera de mí no hay ningún otro salvador.» Isaías 43:11

«Así dice el Señor, el Señor Todopoderoso, rey y redentor de Israel: "Yo soy el primero y el último; fuera de mí no hay otro dios.» Isaías 44:6

«Así dice el Señor, tu Redentor, el Santo de Israel: «Yo soy el Señor tu Dios, que

te enseña lo que te conviene, que te guía
por el camino en que debes andar.»
Isaías 48:17

«Yo, el Señor, amo la justicia, pero odio
el robo y la iniquidad. En mi fidelidad los
recompensaré y haré con ellos un pacto
eterno.» Isaías 61:8

«Fue mi mano la que hizo todas estas
cosas; fue así como llegaron a existir
—afirma el Señor—. »Yo estimo a los
pobres y contritos de espíritu, a los que
tiemblan ante mi palabra.» Isaías 66:2

«Yo soy el Señor, Dios de toda la
humanidad. ¿Hay algo imposible para
mí?» Jeremías 32:27

«Yo soy el pan vivo que bajó del cielo.
Si alguno come de este pan, vivirá para
siempre. Este pan es mi carne, que daré
para que el mundo viva.» Juan 6:51

«Una vez más Jesús se dirigió a la gente,
y les dijo: —Yo soy la luz del mundo. El
que me sigue no andará en tinieblas, sino
que tendrá la luz de la vida.» Juan 8:12

«Yo soy la puerta; el que entre por esta

puerta, que soy yo, será salvo. Se moverá con entera libertad, y hallará pastos.» Juan 10:9

«Yo soy el buen pastor. El buen pastor da su vida por las ovejas.» Juan 10:11

«Entonces Jesús le dijo: —Yo soy la resurrección y la vida. El que cree en mí vivirá, aunque muera;» Juan 11:25

«Yo soy la luz que ha venido al mundo, para que todo el que crea en mí no viva en tinieblas.» Juan 12:46

«—Yo soy el camino, la verdad y la vida —le contestó Jesús—. Nadie llega al Padre sino por mí.» Juan 14:6

«Yo soy la vid verdadera, y mi Padre es el labrador.» Juan 15:1

«Yo soy el Alfa y la Omega —dice el Señor Dios—, el que es y que era y que ha de venir, el Todopoderoso.» Apocalipsis 1:8

«Yo soy el Alfa y la Omega, el Primero y el Último, el Principio y el Fin.» Apocalipsis 22:13

«*Yo, Jesús, he enviado a mi ángel para darles a ustedes testimonio de estas cosas que conciernen a las iglesias. Yo soy la raíz y la descendencia de David, la brillante estrella de la mañana.*» Apocalipsis 22:16

¿Qué dice Dios sobre tu relación con Él?

*En Dios se encuentra
toda nuestra plenitud.
Hazte un hábito de correr
a su presencia todos los días
de tu vida, porque nada
te dará mayor satisfacción.*

«Pero si desde allí buscas al Señor tu Dios con todo tu corazón y con toda tu alma, lo encontrarás.»
Deuteronomio 4:29

«Reconoce en tu corazón que, así como un padre disciplina a su hijo, también el Señor tu Dios te disciplina a ti.»
Deuteronomio 8:5

«El Señor está cerca de los quebrantados de corazón, y salva a los de espíritu abatido.» Salmos 34:18

«Me buscarán y me encontrarán, cuando me busquen de todo corazón.»
Jeremías 29:13

«Cuando ores, él te escuchará, y tú le cumplirás tus votos. Tendrás éxito en todo lo que emprendas, y en tus caminos brillará la luz. Porque Dios humilla a los altaneros, y exalta a los humildes.»
Job 22:27-29

«Permanezcan en mí, y yo permaneceré en ustedes. Así como ninguna rama puede dar fruto por sí misma, sino que tiene que permanecer en la vid, así tampoco ustedes pueden dar fruto si

no permanecen en mí. Yo soy la vid y
ustedes son las ramas. El que permanece
en mí, como yo en él, dará mucho fruto;
separados de mí no pueden ustedes
hacer nada. El que no permanece en mí
es desechado y se seca, como las ramas
que se recogen, se arrojan al fuego y
se queman. Si permanecen en mí y mis
palabras permanecen en ustedes, pidan
lo que quieran, y se les concederá. Mi
Padre es glorificado cuando ustedes
dan mucho fruto y muestran así que son
mis discípulos. Así como el Padre me ha
amado a mí, también yo los he amado a
ustedes. Permanezcan en mi amor.»*
Juan 15:4-9

*«Si alguien ha de gloriarse, que se gloríe
de conocerme y de comprender que yo soy
el Señor, que actúo en la tierra con amor,
con derecho y justicia, pues es lo que a mí
me agrada —afirma el Señor—.»*
Jeremías 9:24

*«El pecador puede hacer lo malo cien
veces, y vivir muchos años; pero sé
también que le irá mejor a quien teme a
Dios y le guarda reverencia.»*
Eclesiastés 8:12

«El sacrificio que te agrada es un espíritu quebrantado; tú, oh Dios, no desprecias al corazón quebrantado y arrepentido.»
Salmos 51:17

«Así dice el Señor al reino de Israel: 'Búsquenme y vivirán.'» Amos 5:4

¿Qué dice Dios sobre lo que te preocupa?

Las preocupaciones nos quitan fuerza, y la mayoría de las veces, evidencian que no confiamos completamente en Dios. Si estás lidiando con ansiedades y angustias, estos versículos serán de mucha bendición para ti.

«Depositen en él toda ansiedad, porque él cuida de ustedes.» 1 Pedro 5:7

«El Señor afirma los pasos del hombre cuando le agrada su modo de vivir; podrá tropezar, pero no caerá, porque el Señor lo sostiene de la mano.» Salmos 37:23-24

«Yo les he dicho estas cosas para que en mí hallen paz. En este mundo afrontarán aflicciones, pero ¡anímense! Yo he vencido al mundo.» Juan 16:33

«¿Por qué voy a inquietarme? ¿Por qué me voy a angustiar? En Dios pondré mi esperanza y todavía lo alabaré. ¡Él es mi Salvador y mi Dios!» Salmos 42:5

«Vengan a mí todos ustedes que están cansados y agobiados, y yo les daré descanso. Carguen con mi yugo y aprendan de mí, pues yo soy apacible y humilde de corazón, y encontrarán descanso para su alma. Porque mi yugo es suave y mi carga es liviana.» Mateo 11:28-30

«Teman al Señor, ustedes sus santos, pues nada les falta a los que le temen.» Salmos 34:9

«*No se inquieten por nada; más bien, en toda ocasión, con oración y ruego, presenten sus peticiones a Dios y denle gracias. 7 Y la paz de Dios, que sobrepasa todo entendimiento, cuidará sus corazones y sus pensamientos en Cristo Jesús.*» Filipenses 4:6-7

«*Encomienda al Señor tus afanes, y él te sostendrá; no permitirá que el justo caiga y quede abatido para siempre.*» Salmos 55:22

¿Qué dice Dios sobre tus temores?

El temor es el enemigo número uno de la fe. Podríamos hasta describirlo como una fe negativa. La Biblia nos enseña que el perfecto amor de Dios echa fuera todo temor. ¡Así que su amor es la mejor arma para combatir todos nuestros miedos!

«*Dios hizo todo hermoso en su momento, y puso en la mente humana el sentido del tiempo, aun cuando el hombre no alcanza a comprender la obra que Dios realiza de principio a fin.*» Eclesiastés 3:11

«*Así que no temas, porque yo estoy contigo; no te angusties, porque yo soy tu Dios. Te fortaleceré y te ayudaré; te sostendré con mi diestra victoriosa.*» Isaías 41:10

«*Como un pastor que cuida su rebaño, recoge los corderos en sus brazos; los lleva junto a su pecho, y guía con cuidado a las recién paridas.*» Isaías 40:11

«*No temerás ningún desastre repentino, ni la desgracia que sobreviene a los impíos. Porque el Señor estará siempre a tu lado y te librará de caer en la trampa.*» Proverbios 3:25-26

«*Serás establecida en justicia; lejos de ti estará la opresión, y nada tendrás que temer; el terror se apartará de ti, y no se te acercará.*» Isaías 54:14

«*Ya te lo he ordenado: ¡Sé fuerte y valiente! ¡No tengas miedo ni te*

desanimes! *Porque el Señor tu Dios te*
acompañará dondequiera que vayas.»
Josué 1:9

«No le temas a nadie, que yo estoy
contigo para librarte.» Lo
afirma el Señor. Jeremías 1:8

«Así dice el Señor: "No tengan miedo
ni se acobarden cuando vean ese gran
ejército, porque la batalla no es de
ustedes sino mía.» 2 Crónicas 20:15

«El Señor mismo marchará al frente de
ti y estará contigo; nunca te dejará ni te
abandonará. No temas ni te desanimes.»
Deuteronomio 31:8

«Porque yo soy el Señor, tu Dios, que
sostiene tu mano derecha; yo soy quien te
dice: "No temas, yo te ayudaré."»
Isaías 41:13

«Así que podemos decir con toda
confianza: "El Señor es quien me ayuda;
no temeré. ¿Qué me puede hacer un
simple mortal?"» Hebreos 13:6

¿Qué dice Dios sobre tu seguridad y protección?

Estás en la palma de Su mano.
El cuida de ti mejor que nadie.

«Yo lo libraré, porque él se acoge a mí; lo protegeré, porque reconoce mi nombre.»
Salmos 91:14

«Porque en el día de la aflicción él me resguardará en su morada; al amparo de su tabernáculo me protegerá, y me pondrá en alto, sobre una roca.»
Salmos 27:5

«No te pido que los quites del mundo, sino que los protejas del maligno. Ellos no son del mundo, como tampoco lo soy yo. Santifícalos en la verdad; tu palabra es la verdad» Juan 17:15-17

«A las montañas levanto mis ojos; ¿de dónde ha de venir mi ayuda? Mi ayuda proviene del Señor, creador del cielo y de la tierra. No permitirá que tu pie resbale; jamás duerme el que te cuida. Jamás duerme ni se adormece el que cuida de Israel. El Señor es quien te cuida, el Señor es tu sombra protectora. De día el sol no te hará daño, ni la luna de noche. El Señor te protegerá; de todo mal protegerá tu vida. El Señor te cuidará en el hogar y en el camino, desde ahora y para siempre.» Salmos 121

«*El Señor es mi roca, mi amparo, mi libertador; es mi Dios, el peñasco en que me refugio. Es mi escudo, el poder que me salva, ¡mi más alto escondite!*»
Salmos 18:2

«*Cuando cruces las aguas, yo estaré contigo; cuando cruces los ríos, no te cubrirán sus aguas; cuando camines por el fuego, no te quemarás ni te abrasarán las llamas.*» Isaías 43:2

«*Porque en el día de la aflicción él me resguardará en su morada; al amparo de su tabernáculo me protegerá, y me pondrá en alto, sobre una roca.*»
Salmos 27:5

«*Pero yo, Señor, en ti confío, y digo: «Tú eres mi Dios.» Mi vida entera está en tus manos; líbrame de mis enemigos y perseguidores.*» Salmos 31:14-15

«*El Dios sempiterno es tu refugio; por siempre te sostiene entre sus brazos.*»
Deuteronomio 33:27a

«*Encomienda al Señor tus afanes, y él te sostendrá; no permitirá que el justo caiga y quede abatido para siempre.*»
Salmos 55:22

«*El ángel del Señor acampa en torno a los que le temen; a su lado está para librarlos.*» Salmos 34:7

«*Señor, tú has sido nuestro refugio generación tras generación.*» Salmos 90:1

«*El producto de la justicia será la paz; tranquilidad y seguridad perpetuas serán su fruto.*» Isaías 32:17

«*Aun en la vejez, cuando ya peinen canas, yo seré el mismo, yo los sostendré. Yo los hice, y cuidaré de ustedes; los sostendré y los libraré.*» Isaías 46:4

«*No los voy a dejar huérfanos; volveré a ustedes.*» Juan 14:18

¿Que dice Dios sobre tus días difíciles?

Siempre podrás acudir a Dios. El está ahí para escucharte, para consolarte, para guiarte y ayudarte a salir adelante en los momentos difíciles.

«*Cuando en mí la angustia iba en aumento, tu consuelo llenaba mi alma de alegría.*» Salmos 94:19

«*Ustedes los cielos, ¡griten de alegría! Tierra, ¡regocíjate! Montañas, ¡prorrumpan en canciones! Porque el Señor consuela a su pueblo y tiene compasión de sus pobres.*» Isaías 49:13

«*Alabado sea el Dios y Padre de nuestro Señor Jesucristo, Padre misericordioso y Dios de toda consolación, quien nos consuela en todas nuestras tribulaciones para que con el mismo consuelo que de Dios hemos recibido, también nosotros podamos consolar a todos los que sufren.*» 2 Corintios 1:3-4

«*Pero de una cosa estoy seguro: he de ver la bondad del Señor en esta tierra de los vivientes. Pon tu esperanza en el Señor; ten valor, cobra ánimo; ¡pon tu esperanza en el Señor!*» Salmos 27:13-14

«*El gran amor del Señor nunca se acaba, y su compasión jamás se agota. Cada mañana se renuevan sus bondades; ¡muy grande es su fidelidad!*» Lamentaciones 3:22-23

«¿Puede una madre olvidar a su niño de pecho, y dejar de amar al hijo que ha dado a luz? Aun cuando ella lo olvidara, ¡yo no te olvidaré!» Isaías 49:15

«Porque lo dice el excelso y sublime, el que vive para siempre, cuyo nombre es santo: «Yo habito en un lugar santo y sublime, pero también con el contrito y humilde de espíritu, para reanimar el espíritu de los humildes y alentar el corazón de los quebrantados.»
Isaías 57:15

«En mi angustia clamé al Señor, y él me respondió. Desde las entrañas del sepulcro pedí auxilio, y tú escuchaste mi clamor.» Jonás 2:2

«De hecho, considero que en nada se comparan los sufrimientos actuales con la gloria que habrá de revelarse en nosotros. ...Ahora bien, sabemos que Dios dispone todas las cosas para el bien de quienes lo aman, los que han sido llamados de acuerdo con su propósito.»
Romanos 8:18; 28

«Él les enjugará toda lágrima de los ojos. Ya no habrá muerte, ni llanto, ni lamento

ni dolor, porque las primeras cosas han dejado de existir.» Apocalipsis 21:4

«Pues los sufrimientos ligeros y efímeros que ahora padecemos producen una gloria eterna que vale muchísimo más que todo sufrimiento.» 2 Corintios 4:17

«Porque tú has sido, en su angustia, un baluarte para el desvalido, un refugio para el necesitado, un resguardo contra la tormenta, una sombra contra el calor.» Isaías 25:4

«Como madre que consuela a su hijo, así yo los consolaré a ustedes; en Jerusalén serán consolados.» Isaías 66:13

¿Que dice Dios sobre tu confianza?

El confiar en la soberanía de un Dios todopoderoso, nos pone en la perspectiva correcta y nos llena de paz.

«En ti confiaron nuestros padres; confiaron, y tú los libraste.» Salmos 22:4

«El que atiende a la palabra, prospera. ¡Dichoso el que confía en el Señor!» Proverbios 16:20

«Aun cuando un ejército me asedie, no temerá mi corazón; aun cuando una guerra estalle contra mí, yo mantendré la confianza.» Salmos 27:3

«Fuera de ti, desde tiempos antiguos nadie ha escuchado ni percibido, ni ojo alguno ha visto, a un Dios que, como tú, actúe en favor de quienes en él confían.» Isaías 64:4

«El Señor es mi fuerza y mi escudo; mi corazón en él confía; de él recibo ayuda. Mi corazón salta de alegría, y con cánticos le daré gracias.» Salmos 28:7

«No temerá recibir malas noticias; su corazón estará firme, confiado en el Señor.» Salmos 112:7

«Confía en el Señor de todo corazón, y no en tu propia inteligencia. Reconócelo en todos tus caminos, y él allanará tus sendas.» Proverbios 3:5-6

«*Encomienda al Señor tu camino; confía en él, y él actuará.*» Salmos 37:5

«*Pero los que confían en el Señor renovarán sus fuerzas; volarán como las águilas: correrán y no se fatigarán, caminarán y no se cansarán.*» Isaías 40:31

«*Espero al Señor, lo espero con toda el alma; en su palabra he puesto mi esperanza.*» Salmos 130:5

«*Al de carácter firme lo guardarás en perfecta paz, porque en ti confía.*» Isaías 26:3

«*Éstos confían en sus carros de guerra, aquéllos confían en sus corceles, pero nosotros confiamos en el nombre del Señor nuestro Dios.*» Salmos 20:7

¿Qué dice Dios sobre las injusticias en el mundo?

Dios nos enseña en Su palabra a tener cuidado especial de aquellos que son los más vulnerables en nuestra sociedad. Amiga, reflexionemos sobre los siguientes versículos.

«Así dice el Señor omnipotente: ¡Basta ya, príncipes de Israel! ¡Abandonen la violencia y la explotación! ¡Practiquen el derecho y la justicia! ¡Dejen de extorsionar a mi pueblo! Lo afirma el Señor.» Ezequiel 45:9

«¡Ay del que edifica su casa y sus habitaciones superiores violentando la justicia y el derecho! ¡Ay del que obliga a su prójimo a trabajar de balde, y no le paga por su trabajo!» Jeremías 22:13

«Así dice el Señor: 'Practiquen el derecho y la justicia. Libren al oprimido del poder del opresor. No maltraten ni hagan violencia al extranjero, ni al huérfano ni a la viuda, ni derramen sangre inocente en este lugar.» Jeremías 22:3

«Así dice el Señor: «Observen el derecho y practiquen la justicia, porque mi salvación está por llegar; mi justicia va a manifestarse.» Isaías 56:1

«Así dice el Señor Todopoderoso: "Juzguen con verdadera justicia; muestren amor y compasión los unos por los otros. No opriman a las viudas ni a los huérfanos, ni a los

extranjeros ni a los pobres. No maquinen el mal en su corazón los unos contra los otros."* Zacarías 7:9-10

«¡Aprendan a hacer el bien! ¡Busquen la justicia y reprendan al opresor! ¡Aboguen por el huérfano y defiendan a la viuda!» Isaías 1:17

«¡Levanta la voz, y hazles justicia! ¡Defiende a los pobres y necesitados!» Proverbios 31:9

«La justicia enaltece a una nación, pero el pecado deshonra a todos los pueblos.» Proverbios 14:34

«Bien le va al que presta con generosidad, y maneja sus negocios con justicia.» Salmos 112:5

«Acuérdense de los presos, como si ustedes fueran sus compañeros de cárcel, y también de los que son maltratados, como si fueran ustedes mismos los que sufren.» Hebreos 13:3

«Ayuden a los hermanos necesitados. Practiquen la hospitalidad.» Romanos 12:13

«*Servir al pobre es hacerle un préstamo al Señor; Dios pagará esas buenas acciones.*» Proverbios 19:17

«*Más bien, cuando des un banquete, invita a los pobres, a los inválidos, a los cojos y a los ciegos. Entonces serás dichoso, pues aunque ellos no tienen con qué recompensarte, serás recompensado en la resurrección de los justos.*» Lucas 14:13-14

«*Es un pecado despreciar al prójimo; ¡dichoso el que se compadece de los pobres!*» Proverbios 14:21

«*No nos cansemos de hacer el bien, porque a su debido tiempo cosecharemos si no nos damos por vencidos.*» Gálatas 6:9

¿Que dice Dios sobre el consumismo y la ambición?

Alguien que refleja la naturaleza de Dios, está agradecido por lo que tiene y expresa contentamiento. Una chica madura puede disfrutar de ser quién es y agradecer lo que Dios le ha dado y las oportunidades que tiene por delante.

«Es cierto que con la verdadera religión se obtienen grandes ganancias, pero sólo si uno está satisfecho con lo que tiene. Porque nada trajimos a este mundo, y nada podemos llevarnos. Así que, si tenemos ropa y comida, contentémonos con eso.» 1 Timoteo 6:6-8

«No digo esto porque esté necesitado, pues he aprendido a estar satisfecho en cualquier situación en que me encuentre. Sé lo que es vivir en la pobreza, y lo que es vivir en la abundancia. He aprendido a vivir en todas y cada una de las circunstancias, tanto a quedar saciado como a pasar hambre, a tener de sobra como a sufrir escasez. Todo lo puedo en Cristo que me fortalece.» Filipenses 4:11-13

«Más bien, busquen primeramente el reino de Dios y su justicia, y todas estas cosas les serán añadidas.» Mateo 6:33

«Más vale tener poco con justicia que ganar mucho con injusticia.» Proverbios 16:8

«No codicies la casa de tu prójimo: No codicies su esposa, ni su esclavo, ni su

esclava, ni su buey, ni su burro, ni nada
que le pertenezca.» Éxodo 20:17

«Porque el amor al dinero es la raíz
de toda clase de males. Por codiciarlo,
algunos se han desviado de la fe y se han
causado muchísimos sinsabores.»
1 Timoteo 6:10

«En casa del sabio abundan las riquezas
y el perfume, pero el necio todo lo
despilfarra.» Proverbios 21:20

«Manténganse libres del amor al dinero,
y conténtense con lo que tienen, porque
Dios ha dicho: "Nunca te dejaré; jamás te
abandonaré."» Hebreos 13:5

«He sido joven y ahora soy viejo, pero
nunca he visto justos en la miseria, ni
que sus hijos mendiguen pan. Prestan
siempre con generosidad; sus hijos son
una bendición.» Salmos 37:25-26

«Así que nosotros, que estamos
recibiendo un reino inconmovible,
seamos agradecidos. Inspirados por esta
gratitud, adoremos a Dios como a él le
agrada, con temor reverente.»
Hebreos 12:28

«*A los ricos de este mundo, mándales que no sean arrogantes ni pongan su esperanza en las riquezas, que son tan inseguras, sino en Dios, que nos provee de todo en abundancia para que lo disfrutemos. Mándales que hagan el bien, que sean ricos en buenas obras, y generosos, dispuestos a compartir lo que tienen. De este modo atesorarán para sí un seguro caudal para el futuro y obtendrán la vida verdadera.*»

1 Timoteo 6:17-19

Un mensaje
que trasciende

¿Qué dice Dios sobre tu responsabilidad con las futuras generaciones?

Siempre que haya un grupo de gente apasionada por transmitir el mensaje de la cruz a las futuras generaciones, hay esperanza.

«*Estableceré mi pacto contigo y con tu descendencia, como pacto perpetuo, por todas las generaciones. Yo seré tu Dios, y el Dios de tus descendientes.*»
Génesis 17:7

«*Que se escriba esto para las generaciones futuras, y que el pueblo que será creado alabe al Señor.*»
Salmos 102:18

«*¡Pero tengan cuidado! Presten atención y no olviden las cosas que han visto sus ojos, ni las aparten de su corazón mientras vivan. Cuéntenselas a sus hijos y a sus nietos.*»* Deuteronomio 4:9

«*Aun cuando sea yo anciano y peine canas, no me abandones, oh Dios, hasta que anuncie tu poder a la generación venidera, y dé a conocer tus proezas a los que aún no han nacido.*»
Salmos 71:18

«*¡Ojalá su corazón esté siempre dispuesto a temerme y a cumplir todos mis mandamientos, para que a ellos y a sus hijos siempre les vaya bien!*»
Deuteronomio 5:29

«*Pueblo mío, atiende a mi enseñanza; presta oído a las palabras de mi boca. Mis labios pronunciarán parábolas y evocarán misterios de antaño, cosas que hemos oído y conocido, y que nuestros padres nos han contado. No las esconderemos de sus descendientes; hablaremos a la generación venidera del poder del Señor, de sus proezas, y de las maravillas que ha realizado.*»
Salmos 78:1-4

«*Ten cuidado de obedecer todos estos mandamientos que yo te he dado, para que siempre te vaya bien, lo mismo que a tu descendencia. Así habrás hecho lo bueno y lo recto a los ojos del Señor tu Dios.*» Deuteronomio 12:28

«*Instruye al niño en el camino correcto, y aun en su vejez no lo abandonará.*»
Proverbios 22:6

«*La posteridad le servirá; del Señor se hablará a las generaciones futuras.*»
Salmos 22:30

«*¡A él sea la gloria en la iglesia y en Cristo Jesús por todas las generaciones, por los siglos de los siglos!*» Amén.
Efesios 3:21

«Para que durante toda tu vida tú y tus hijos y tus nietos honren al Señor tu Dios cumpliendo todos los preceptos y mandamientos que te doy, y para que disfrutes de larga vida.»
Deuteronomio 6:2

«Obedece sus preceptos y normas que hoy te mando cumplir. De este modo a ti y a tus descendientes les irá bien, y permanecerán mucho tiempo en la tierra que el Señor su Dios les da para siempre.» Deuteronomio 4:40

¿Qué dice Dios sobre tu futuro?

Dios tiene expectativas contigo, que superan tu imaginación. El rendir tu futuro en las manos de Dios es tu mejor inversión. El conoce el final desde el principio.

«Ningún ojo ha visto, ningún oído ha escuchado, ninguna mente humana ha concebido lo que Dios ha preparado para quienes lo aman.» 1 Corintios 2:9

«Pon en manos del Señor todas tus obras, y tus proyectos se cumplirán.» Proverbios 16:3

«Cuentas con una esperanza futura, la cual no será destruida.» Proverbios 23:18

«Escúchame, familia de Jacob, todo el resto de la familia de Israel, a quienes he cargado desde el vientre, y he llevado desde la cuna. Aun en la vejez, cuando ya peinen canas, yo seré el mismo, yo los sostendré. Yo los hice, y cuidaré de ustedes; los sostendré y los libraré.» Isaías 46:3-4

«Observa a los que son íntegros y rectos: hay porvenir para quien busca la paz.» Salmos 37:37

«Así de dulce sea la sabiduría a tu alma; si das con ella, tendrás buen futuro; tendrás una esperanza que no será destruida.» Proverbios 24:14

«Porque yo sé muy bien los planes que tengo para ustedes —afirma el Señor—, planes de bienestar y no de calamidad, a fin de darles un futuro y una esperanza.»
Jeremías 29:11

«De hecho, considero que en nada se comparan los sufrimientos actuales con la gloria que habrá de revelarse en nosotros.» Romanos 8:18

«—Mira el pacto que hago contigo —respondió el Señor—. A la vista de todo tu pueblo haré maravillas que ante ninguna nación del mundo han sido realizadas. El pueblo en medio del cual vives verá las imponentes obras que yo, el Señor, haré por ti.» Éxodo 34:10

¿Que dice Dios sobre tus sueños?

Sucede algo sobrenatural cuando rendimos nuestros sueños a Dios y servimos en la tierra para que Su sueño de salvar al mundo, se haga una realidad. Tus sueños en las manos de Dios adquieren un potencial extraordinario y pueden hacer mucho más que en tus propias manos.

«Ante ti, Señor, están todos mis deseos; no te son un secreto mis anhelos.»
Salmos 38:9

«Deléitate en el Señor, y él te concederá los deseos de tu corazón.» Salmos 37:4

«Él es quien formó el corazón de todos, y quien conoce a fondo todas sus acciones.» Salmos 33:15

«Ésta es la confianza que tenemos al acercarnos a Dios: que si pedimos conforme a su voluntad, él nos oye. Y si sabemos que Dios oye todas nuestras oraciones, podemos estar seguros de que ya tenemos lo que le hemos pedido.»
1 Juan 5:14-15

«El perezoso ambiciona, y nada consigue; el diligente ve cumplidos sus deseos.»
Proverbios 13:4

«—Para los hombres es imposible —aclaró Jesús, mirándolos fijamente—, pero no para Dios; de hecho, para Dios todo es posible.» Marcos 10:27

«Recita siempre el libro de la ley y medita en él de día y de noche; cumple con

cuidado todo lo que en él está escrito. Así prosperarás y tendrás éxito.» Josué 1:8

«Que te conceda lo que tu corazón desea; que haga que se cumplan todos tus planes.» Salmos 20:4

«Pon en manos del Señor todas tus obras, y tus proyectos se cumplirán.» Proverbios 16:3

«Ciertamente les aseguro que el que cree en mí las obras que yo hago también él las hará, y aun las hará mayores, porque yo vuelvo al Padre. Cualquier cosa que ustedes pidan en mi nombre, yo la haré; así será glorificado el Padre en el Hijo.» Juan 14:12-13

«Cumple los deseos de quienes le temen; atiende a su clamor y los salva.» Salmos 145:19

*La palabra de Dios es poderosa
y no vuelve vacía. Tiene la capacidad
de cambiar las situaciones y ponernos
en la perspectiva correcta. Corre
a la Biblia cada vez que lo necesites,
consulta al Señor en todas tus decisiones
y encontrarás tremenda bendición.
Hazte un hábito de comenzar tu día
meditando un versículo de la palabra
de Dios, y eso te sostendrá a lo largo
de tu jornada.*

Notas

si
trabajas
con **jóvenes**
nuestro
deseo es
ayudarte

Especialidades Juveniles.com

Nos agradaría recibir noticias suyas.
Por favor, envíe sus comentarios sobre este libro a
la dirección que aparece a continuación.
Muchas gracias.

vida@zondervan.com
www.editorialvida.com